# First Picture Dictionary
## Animals
### İlk Resimli Sözlük
## Hayvanlar

**Butterfly**
*Kelebek*

**Pig**
*Domuz*

**Fox**
*Tilki*

**Rabbit**
*Tavşan*

Illustrated by Anna Ivanir

www.kidkiddos.com
Copyright ©2025 by KidKiddos Books Ltd.
support@kidkiddos.com

All rights reserved. No part of this book may be reproduced in any form or by any electronic or mechanical means, including information storage and retrieval systems, without written permission from the publisher, except in the case of a reviewer, who may quote brief passages embodied in critical articles or in a review.
First edition, 2025

**Library and Archives Canada Cataloguing in Publication**
First Picture Dictionary - Animals (English Turkish Bilingual edition)
ISBN: 978-1-0497-0001-4 paperback
ISBN: 978-1-0497-0002-1 hardcover
ISBN: 978-1-0497-0000-7 eBook

# Wild Animals
## Vahşi Hayvanlar

Hippopotamus
*Su aygırı*

Panda
*Panda*

Fox
*Tilki*

Rhino
*Gergedan*

Deer
*Geyik*

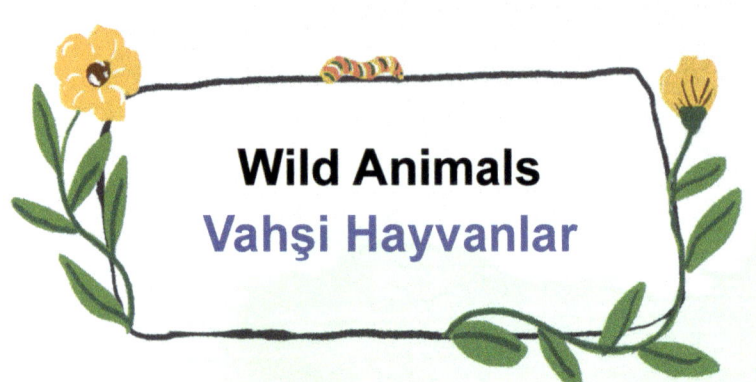

Moose
*Kanada geyiği*

Wolf
*Kurt*

Squirrel
*Sincap*

✦A moose is a great swimmer and can dive underwater to eat plants!

✦*Kanada geyiği çok iyi bir yüzücüdür ve bitkileri yemek için suyun altına dalabilir!*

Koala
*Koala*

✦A squirrel hides nuts for winter, but sometimes forgets where it put them!

✦*Sincap kış için fındıkları saklar ama bazen onları nereye koyduğunu unutur!*

Gorilla
*Goril*

# Pets
## Evcil Hayvanlar

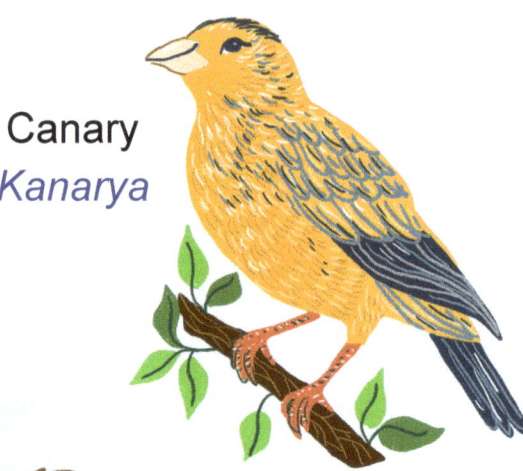

Canary
*Kanarya*

✦ A frog can breathe through its skin as well as its lungs!

✦ *Kurbağa hem derisiyle hem de akciğerleriyle nefes alabilir!*

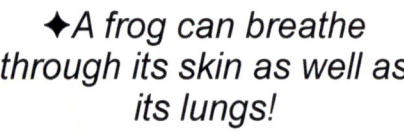

Guinea Pig
*Gine Domuzu*

Frog
*Kurbağa*

Hamster
*Hamster*

## Goldfish
*Japon balığı*

## Dog
*Köpek*

◆ *Some parrots can copy words and even laugh like a human!*
◆ *Bazı papağanlar kelimeleri tekrar edebilir ve hatta insanlar gibi gülebilir!*

## Parrot
*Papağan*

## Cat
*Kedi*

# Animals at the Farm
## Çiftlik Hayvanları

Cow
*İnek*

Chicken
*Tavuk*

Duck
*Ördek*

Sheep
*Koyun*

Horse
*At*

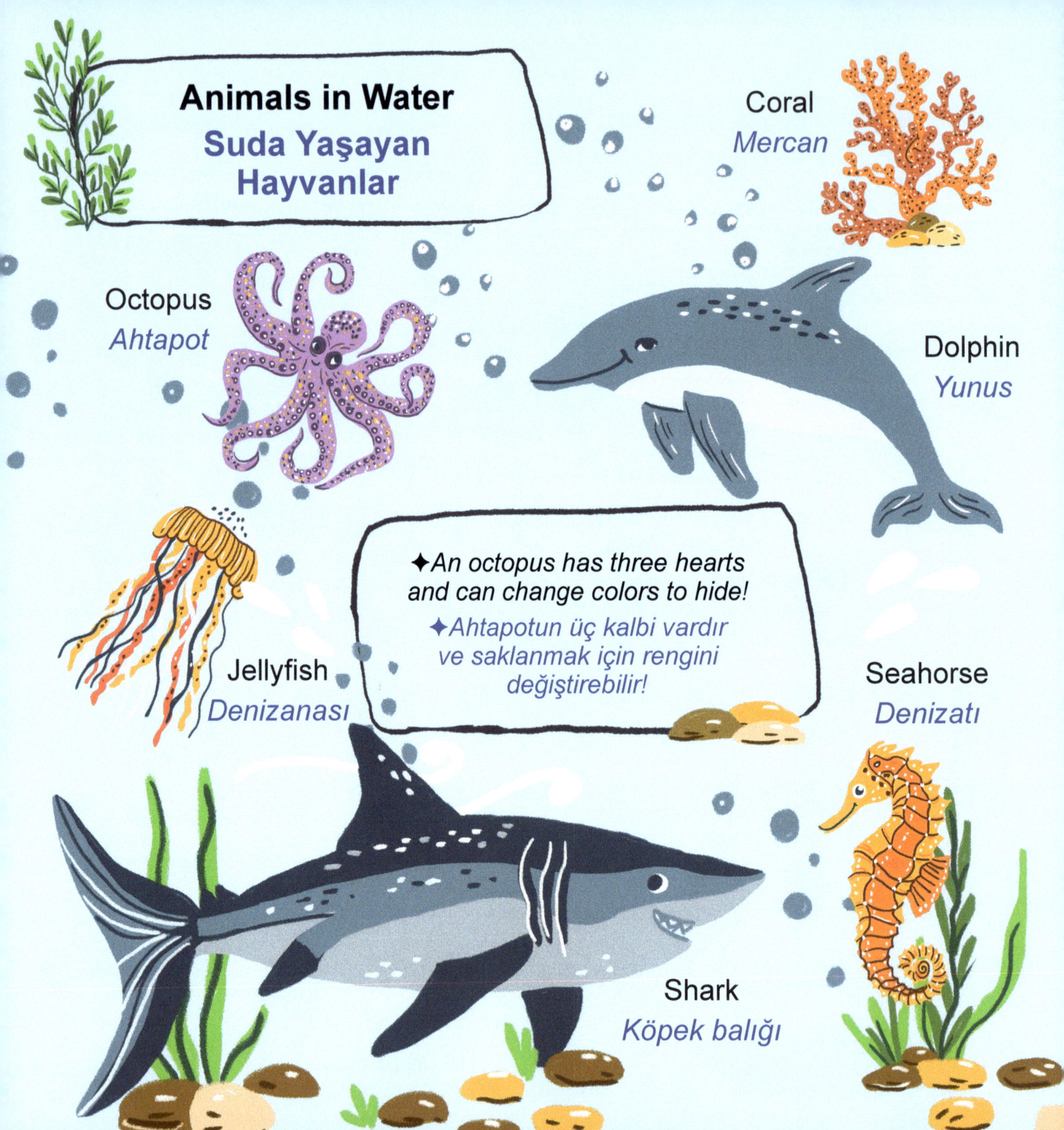

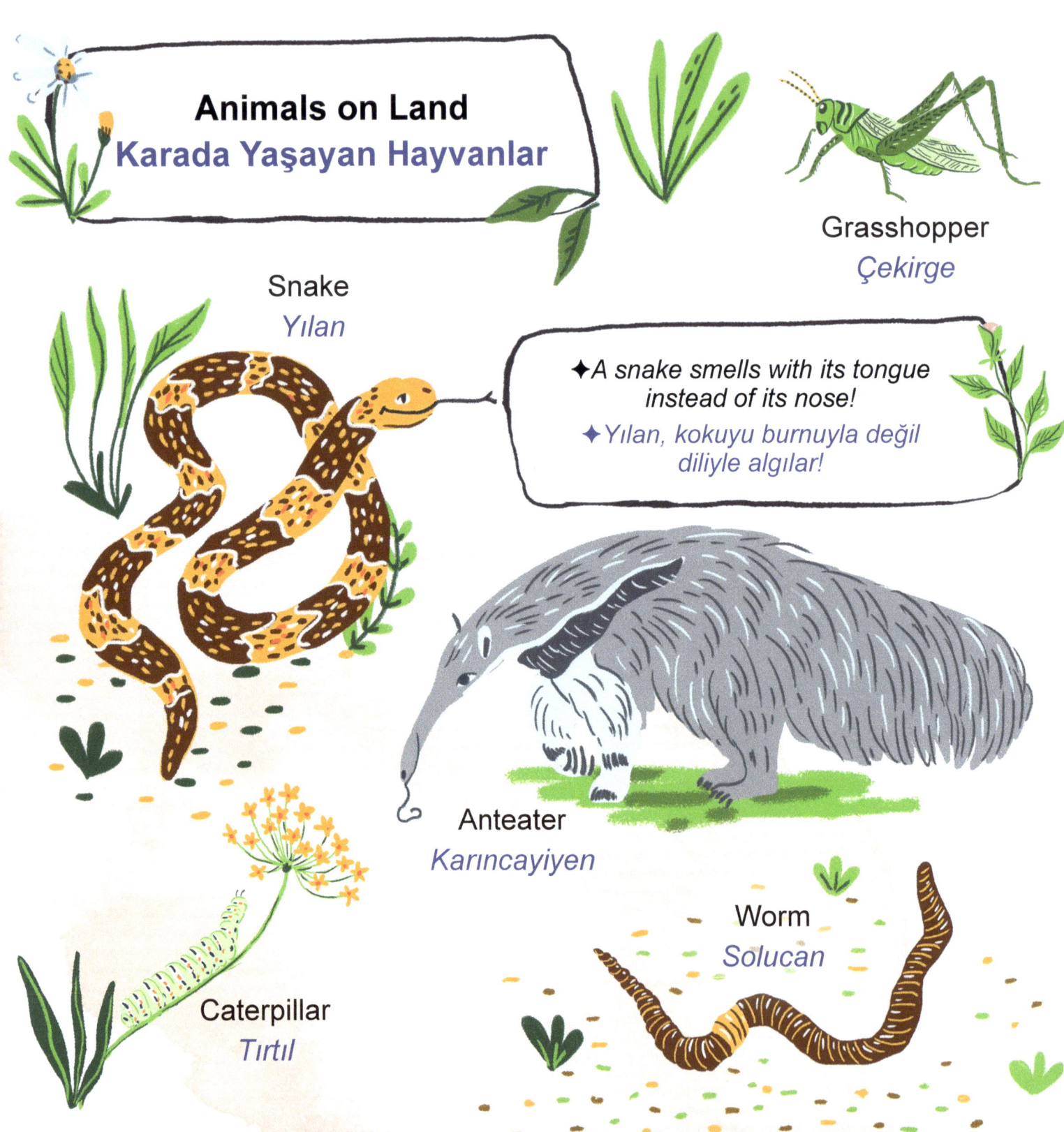

# Quiet Animals
## Sessiz Hayvanlar

**Ladybug**
*Uğur böceği*

**Turtle**
*Kaplumbağa*

◆ A turtle can live both on land and in water.
◆ *Kaplumbağa hem karada hem de suda yaşayabilir.*

**Fish**
*Balık*

**Lizard**
*Kertenkele*

Owl
*Baykuş*

Bat
*Yarasa*

✦An owl hunts at night and uses its hearing to find food!
✦*Baykuş, geceleri avlanır ve yiyeceğini bulmak için işitme yeteneğini kullanır!*

✦A firefly glows at night to find other fireflies.
✦*Ateş böceği, diğer ateş böceklerini bulmak için geceleri ışık saçar.*

Raccoon
*Rakun*

Tarantula
*Tarantula*

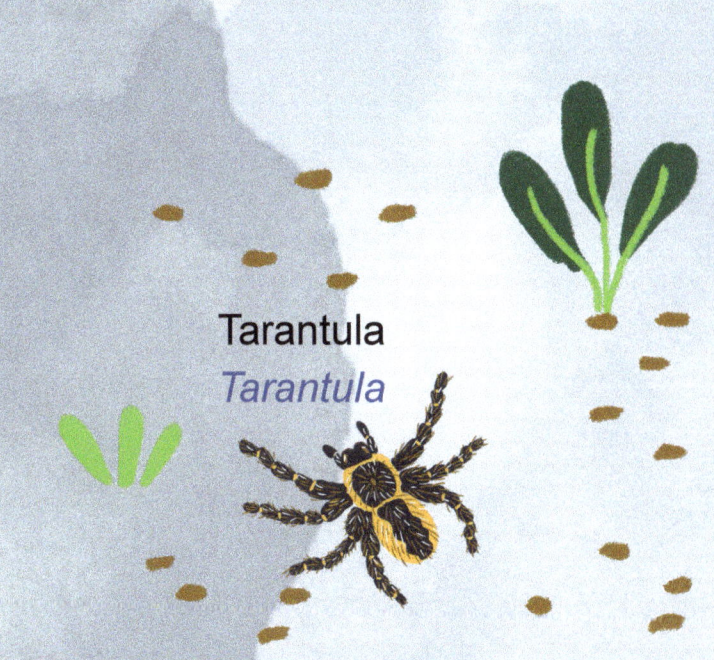

# Colorful Animals
## Renkli Hayvanlar

**A flamingo is pink**
*Flamingo pembedir*

**An owl is brown**
*Baykuş kahverengidir*

**A swan is white**
*Kuğu beyazdır*

**An octopus is purple**
*Ahtapot mordur*

**A frog is green**
*Kurbağa yeşildir*

✦ A frog is green, so it can hide among the leaves.
✦ *Kurbağa yeşildir, bu sayede yaprakların arasında saklanabilir.*

# Animals and Their Babies
## Hayvanlar ve Yavruları

Cow and Calf
*İnek ve buzağı*

Cat and Kitten
*Kedi ve yavru kedi*

✦ A chick talks to its mother even before it hatches.

✦ *Civciv, yumurtadan çıkmadan önce bile annesiyle konuşur.*

Chicken and Chick
*Tavuk ve civciv*

Dog and Puppy
*Köpek ve yavru köpek*

Butterfly and Caterpillar
*Kelebek ve tırtıl*

Sheep and Lamb
*Koyun ve kuzu*

Horse and Foal
*At ve tay*

Pig and Piglet
*Domuz ve domuz yavrusu*

Goat and Kid
*Keçi ve oğlak*

www.ingramcontent.com/pod-product-compliance
Lightning Source LLC
LaVergne TN
LVHW072059060526
838200LV00061B/4773